AF271896

GUÍA DE LECTURA

Escrita por David Noiret
y Maud Couture
Traducida por Laura Soler Pinson

Memorias de Adriano

de Marguerite Yourcenar

Resumen
Express.com

Entiende fácilmente
la literatura con

Resumen
Express.com

www.resumenexpress.com

MARGUERITE YOURCENAR 9

Escritora francesa nacionalizada estadounidense

MEMORIAS DE ADRIANO 13

La carta de un emperador romano a su sucesor

RESUMEN 17

El ascenso de un nuevo emperador
La época dorada
El dolor de Adriano
La hora de hacer balance

ESTUDIO DE LOS PERSONAJES 25

CLAVES DE LECTURA 33

Una novela híbrida
Títulos significativos
Un periodo religioso agitado
El trabajo de la lengua
Una filosofía empírica
Novela histórica: la historia y sus límites

PISTAS PARA LA REFLEXIÓN 51

Algunas preguntas para profundizar en su reflexión...

PARA IR MÁS ALLÁ 55

MARGUERITE YOURCENAR

ESCRITORA FRANCESA NACIONALIZADA ESTADOUNIDENSE

- **Nacida en 1903 en Bruselas (Bélgica)**
- **Fallecida en 1987 en Mount Desert Island (Estados Unidos)**
- **Algunas de sus obras:**
  - *Cómo se salvó Wang-Fô* (1936), novela corta
  - *Cuentos orientales* (1938), novelas cortas
  - *Opus Nigrum* (1968), novela

Marguerite de Crayencour, más conocida como Marguerite Yourcenar, nace en Bélgica y es la primera mujer elegida para la Academia Francesa en 1980. Durante la Segunda Guerra Mundial (1939-1945), y tras haber viajado mucho, se va a vivir a Estados Unidos, a Mount Desert Island, en el estado de Maine, donde enseña literatura francesa e historia del arte, y donde pasará el resto de sus días.

Rebosante de humanismo y de cultura clásica, es autora de novelas (*Memorias de Adriano*, *Opus Nigrum*), de ensayos, de poemarios, de novelas cortas (*Cuentos orientales*), de obras de teatro (*El misterio de Alcestes*, 1963) y de traducciones. Su forma de escribir se diferencia de las grandes corrientes innovadoras del siglo XX por un cuidado del estilo clásico y de la narración.

MEMORIAS DE ADRIANO

LA CARTA DE UN EMPERADOR ROMANO A SU SUCESOR

- **Género:** novela
- **Edición de referencia:** Yourcenar, Marguerite. 1994. *Memorias de Adriano*. Traducido por Julio Cortázar. Barcelona: Salvat Editores. E-book en PDF
- **Primera edición:** 1951
- **Temáticas:** biografía, memoria, vida en Roma, política, Imperio romano, amor, guerra

Memorias de Adriano es una novela escrita a lo largo de más de 25 años. Esta obra empieza a redactarse entre 1924 y 1929, es retomada y abandonada en varias ocasiones y, finalmente, es publicada en 1951. Este libro le valió a su autora una reputación mundial.

La obra relata los recuerdos del emperador romano Adriano (76-138). Así, se trata a la vez de una novela histórica y de una biografía ficticia. Estas memorias están conformadas por una larga misiva dirigida a un tal Marco, que no es otro que Marco Aurelio (121-180), el futuro emperador de Roma. Adriano, que ha llegado al final de su vida, narra su ascenso hasta las más altas esferas del Imperio. El libro está compuesto por seis capítulos, cuyos títulos están en latín y remiten a periodos de la vida del emperador.

RESUMEN

La novela se presenta con el aspecto de una carta que Adriano escribe a Marco Aurelio, que entonces tiene 17 años. Quiere dedicarse a estudiarse a sí mismo y «da[r] audiencia a sus recuerdos» (Yourcenar 1994, cap. 2).

EL ASCENSO DE UN NUEVO EMPERADOR

Adriano nace en Itálica, en España, pero sus «primeras patrias fueron los libros» (Yourcenar 1994, cap. 2). A los 12 años, se queda huérfano de padre y su tutor, Acilio Atiano, lo hace acudir a Roma. Se apasiona por Grecia, donde pasa varios años, pero rápidamente se siente atraído por el poder y las riquezas de Roma. «[...] He llegado finalmente a aceptarme a mí mismo» (*ib.*), confiesa. Allí, Adriano alcanza poco a poco una buena reputación.

El emperador Nerva (30-98), que ha adoptado a Trajano (53-117), sucede a Domiciano (51-96), asesinado, mientras que Adriano se convierte en comandante en las legiones danubianas. A continuación, Trajano, el primo de Adriano, sucede a Nerva y lleva a cabo una política de conquista. Este último, que primero pone de manifiesto una cierta antipatía hacia Adriano, termina por aceptarlo.

Con 28 años, Adriano toma a Sabina por esposa, siguiendo los consejos de Plotina (fallecida en 122), la emperadora con la que mantiene una bonita amistad. Nunca amará a su mujer, pero acepta su presencia para satisfacer las exigencias de su rango.

Tras la victoria de Trajano sobre los dacios (pueblo de Dacia que se corresponde con una parte de la actual Rumanía), Adriano, gobernador de Panonia (región a orillas del Danubio), es llamado para luchar contra los sármatas (pueblo que vive en la llanura situada en la costa norte del mar Negro). Una vez que ha puesto orden en la región y que ha aniquilado a sus enemigos, Adriano implementa una política de austeridad entre sus soldados, que saquean los campos, para evitar que los campesinos se alcen contra el ejército romano.

Trajano, enfermo, continúa sus conquistas por Oriente, mientras que los distintos pueblos sometidos se rebelan contra el invasor romano: el Imperio vive un periodo de crisis. Por su parte, Adriano tiene dudas con respecto a su futuro. Un poco más tarde, muere Trajano y Adriano, que entonces tiene 40 años, es elegido su heredero. Entra en Roma, sereno, entre aclamaciones.

LA ÉPOCA DORADA

Entonces, inicia una política de negociación y de pacificación de su territorio («Todo paso de un reino a otro entraña esas operaciones de limpieza», Yourcenar 1994, cap. 3). Atiano se deshace de los pocos enemigos declarados que tiene el nuevo emperador, algo que trae de vuelta la calma a Roma. A continuación, Adriano trabaja para la felicidad y la mejora de la condición humana (sobre todo, de los esclavos y de las mujeres) e instaura un «inteligente reajuste económico del mundo» (Yourcenar 1994, cap. 3).

También recorre todas las rutas del Imperio. Aunque es «extranjero en todas partes» (Yourcenar 1994, cap. 3) —viene de España, ha estudiado en Grecia y cruza constantemente tierras extranjeras—, lo cierto es que tampoco se siente «especialmente aislado [en ninguna de ellas]» (*ib.*), gracias a su sólido entorno, competente y fiel. En Bitinia, conoce a un joven llamado Antínoo, del que se enamora: «Así habría de nacer una intimidad. A partir de entonces me acompañó en todos mis viajes, y comenzaron algunos años fabulosos» (Yourcenar 1994, cap. 4). En Atenas, frecuenta a Arriano de Nicomedia (historiador y filósofo griego, 95-175), que se convierte en uno de sus mejores amigos. En ese momento, su felicidad es total: está viviendo una auténtica época dorada.

Sigue con su obra administrativa en Germania y en Bretaña (que abarca la actual Inglaterra, el País de Gales y el sur de Escocia) con el lema *Tellus stabilita* («la tierra vuelve a recuperar su equilibrio»), o el genio de la tierra pacificada. Por otra parte, concluye una paz duradera con los partos (pueblo emparentado con los iraníes) y se sumerge en el estudio de los astros. En Roma, manda que se vuelva a construir por completo el Panteón, y se inscribe en el linaje de las antiguas glorias romanas, mientras se celebra el aniversario de la ciudad. Con 44 años, es adorado y deificado.

EL DOLOR DE ADRIANO

Por otra parte, «la luz [va] cambiando poco a poco» (Yourcenar 1994, cap. 4): su relación con Antínoo se degrada. Tras las obras de construcción en Jerusalén, Adriano se encuentra en Alejandría acompañado por sus seres cercanos. Antínoo, que prefiere morir a envejecer, se suicida a orillas del Nilo. El dolor de Adriano es inmenso. Como homenaje a su joven favorito, decide mandar construir la ciudad de Antínoe (actual Egipto).

A continuación, Adriano se aplica con más empeño en su oficio de emperador. Organiza la ciudad de Antínoe y trabaja para que surja una clase media erudita en Asia Menor. Dota a Atenas de una nueva biblioteca y de una nueva constitución, mientras continúa con su formación mística e intelectual. También se interesa por la secta de los cristianos, de cuyos preceptos habla con su amigo Arriano.

A pesar de los deseos de Adriano de convertir a Jerusalén en una ciudad como las demás, tolerante con respecto a las distintas concepciones divinas, «los asuntos judíos [van] de mal en peor» (Yourcenar 1994, cap. 5). La guerra en Judea es inevitable. Tras cuatro años de conflicto contra Bar Kochba (jefe de la segunda revuelta judía, fallecido c. 135), Judea toma el nombre de Palestina y Jerusalén, el de *Elia Capitolina*.

Cuando vuelve a Roma, Adriano vuelve a disfrutar de los placeres de la vida, pero no se perdona su impotencia frente a la muerte del joven al que amaba.

LA HORA DE HACER BALANCE

Con 57 años, Adriano vuelve triunfante al país, pero está debilitado y enfermo. Ha llegado el momento de designar a su sucesor y de preparar su muerte. Resulta difícil tomar una decisión, pero finalmente opta por Antonino (86-161), un hombre virtuoso y miembro del Senado al que adopta. Adriano también anuncia que desea que Marco Aurelio suceda a Antonino, y que este último lo adopte. Es un acto de prudencia por parte del emperador: quiere garantizar la seguridad del Imperio lo mejor posible, y considera que no es fútil que él mismo elija a dos generaciones de sucesores. Aunque Marco Aurelio todavía es joven y tiene poca experiencia, cuenta con la ventaja de que está dedicado a la filosofía y al aprendizaje de la sabiduría. Cuando se hace balance, Adriano es venerado.

Una vez que ha cumplido con su tarea pública, Adriano se retira a su villa de Tibur. Su amigo Arriano, gobernador de la Armenia Menor, le escribe una carta en la que cuenta que ha encontrado la isla de Aquiles (héroe mítico de la *Ilíada*). Nada le parece más sublime que este héroe y su desdicha tras la muerte de Patroclo, su amigo íntimo, que le hace perder el gusto por la vida. Adriano, que ve que su cuerpo se debilita y siente su final cerca, intenta acabar con su propia vida en varias ocasiones. Sin embargo, al ver la aflicción que sus intentos causan a Antonino, finalmente se resigna a esperar.

Adriano, que ha llegado al final de su vida, viejo y enfermo, se acuerda de toda la felicidad que lo abandona lentamente. Se acuerda de su caballo Borístenes, al que ya no puede montar, de la caza, de la buena comida, del amor y del sueño reparador.

ESTUDIO DE LOS PERSONAJES

Los protagonistas de esta novela son personajes históricos que han existido realmente. Lo que se narra en el relato está muy próximo de la realidad, pero no quiere decir que siempre sea verdad.

ADRIANO

Adriano (cuyo verdadero nombre es Publio Elio Adriano) es el protagonista de la novela y también el narrador, ya que relata sus memorias.

Múltiple y cambiante, se interesa por todas las artes y por todas las áreas de conocimiento posibles. En este punto, Adriano se diferencia de su familia, que no mostraba interés por la cultura ni por los asuntos del Imperio romano. Profesa una admiración absoluta a la civilización y a la cultura griegas, algo que, a pesar de su estatus, lo lleva a afirmar: «he pensado y he vivido en griego» (Yourcenar 1994, cap. 2). Prefiere el término medio, por lo que se cuida de decidirse por un extremo u otro: siempre se niega a adherirse por completo a un sistema. El emperador cuenta con una gran sabiduría, que se refleja en su forma de vivir: en él, cuerpo y mente están estrechamente relacionados. No favorece uno en detrimento del otro y ejercita ambos a lo largo de toda su vida.

Aunque Adriano es un emperador pacificador, lo cierto es que no rechaza la guerra cuando es un medio necesario para la paz. De hecho, los periodos de conflicto que vive como comandante se encuentran entre sus años felices. Se siente humanamente cerca de los bárbaros contra los que lucha. Es un filántropo convencido que se mantiene próximo a la gente, a pesar de su deificación. El lema que manda grabar en las monedas al principio de su reinado es *Humanitas, Felicitas, Libertas* («Humanidad, Felicidad, Libertad»). Hará todo lo que esté en su mano para que se aplique.

Las ganas de gustar es el motor de su existencia; de hecho, es lo que le permite llegar a las más altas esferas del imperio, apoyándose en un entorno fiel y sometido.

Si bien ha amado a algunas mujeres, no le presta

la más mínima atención a Sabina, su mujer, y su tendencia natural lo lleva a interesarse más fácilmente por los jóvenes como Lucio y, sobre todo, Antínoo.

ATIANO

El padre de Adriano muere cuando este tiene 12 años, por lo que es Acilio Atiano, tutor y, más tarde, consejero privado del emperador, quien se encarga de su educación en Roma. Forma parte del entorno fiel de Adriano. Este considera al «anciano gotoso que sólo part[e] para servirme» (Yourcenar 1994, cap. 2) un amigo de verdad.

Atiano le propone a Adriano librarlo de sus enemigos cuando asciende al trono. Su devoción por su amo es absoluta, y eso lo lleva a ejecutar a muchas más personas de las que le habían ordenado. Por temor a una revuelta, Adriano sigue el consejo de Atiano y lo quita de su puesto de prefecto. No obstante, este hombre entra a continuación en el Senado y «[tiene] una vejez tranquila de rico caballero romano» (Yourcenar 1994, cap. 3).

PLOTINA

Plotina, la mujer del emperador Trajano y, como tal, emperadora, desempeña un papel importante en la sucesión al trono romano. Las circunstancias que rodean el testamento de Trajano son difusas: parece que Plotina dicta al emperador agonizante las líneas que tratan la cuestión de su heredero, a menos que ella misma escriba el nombre de Adriano en esa parte.

Adriano considera a Plotina —que tiene la misma edad que él— una aliada y su única amiga.

LUCIO

Lucio tiene 18 años cuando Adriano lo conoce. «Aquel joven fauno danzante ocupó seis meses de [la] vida [del emperador]» (Yourcenar 1994, cap. 3). Se observa una cierta rivalidad entre él y Antínoo, que goza de los favores de Adriano, durante la visita del emperador a Alejandría.

Adriano se plantea escogerlo como sucesor y lo adopta. Entonces, Lucio toma el nombre de Lucio Elio César. Pero la muerte marca el destino. Su propio hijo, Lucio Aurelio Vero, será adoptado por Antonino y se convertirá en emperador de Roma junto a Marco Aurelio de 161 a 180.

ANTÍNOO

Antínoo es un joven griego de Bitinia que fascina a Adriano desde su primer encuentro. Lo describe con palabras oximóricas: sobre él dice que «[s] e maravillaba de su dura suavidad» (Yourcenar 1994, cap. 4). Su romance pasional es fulgurante y termina trágicamente en el Nilo, con el suicidio del joven, que escoge esta vía por encima de la de la vejez y la fealdad.

En la orilla oriental del Nilo, Adriano manda construir la ciudad de Antínoe en homenaje a su amigo, y se le dedica un culto en varios lugares del Imperio. Adriano establece un paralelo entre su historia de amor con Antínoo y la de Patroclo, héroe trágico, con su amante Aquiles.

ARRIANO

Arriano de Nicomedia, «uno de los seres más finos de [su] tiempo» (Yourcenar 1994, cap. 3), es el mejor amigo de Adriano. Este filósofo estoico, discípulo de Epicteto (c. 50-125), es doce años más joven que Adriano. Es el autor de una historia sobre Bitinia, su país de origen (Yourcenar 1994, cap. 4). Comparte con el emperador muchas pasiones, en especial, un gusto por el misticismo.

MARCO AURELIO

Marco Aurelio, el joven destinatario de estas memorias, tiene 17 años cuando Adriano redacta su texto. Será llamado a suceder a su padre adoptivo, Antonino, que, a su vez, habrá sucedido a Adriano. Marco Annio Vero —su nombre de nacimiento— tomará entonces el nombre de Marco Aurelio.

A él está destinado el relato, y representa al lector que toma conocimiento de las memorias de Adriano. Las pocas llamadas que salpican el relato permiten al lector sentirse directamente interpelado, identificándose con esas segundas personas del singular. Adriano desea transmitir su experiencia y su retrospectiva para iniciar al joven sucesor en la tarea que recaerá sobre él. En este sentido, las *Memorias de Adriano* constituyen también una novela didáctica.

Los regímenes políticos romanos

Antes de ser un imperio, Roma conoce otros dos sistemas políticos: la monarquía desde su fundación hasta 509 a. C. y la República hasta 27 a. C. Será con Octavio Augusto (63 a. C. -14 d. C.) cuando Roma se convierta en un imperio. Durante la juventud de Adriano, el emperador es Domiciano. Nerva lo sucede y está considerado como el fundador de la dinastía de los Antoninos (92-192 d. C.). Casualmente, ni Nerva, ni Trajano, ni Adriano, ni Antonino Pío (86-161) tienen hijos. Así, el heredero del imperio se elige por adopción. Adriano manda que Antonino adopte a Marco Aurelio y a Lucio, el hijo de Lucio Ceyonio.

CLAVES DE LECTURA

UNA NOVELA HÍBRIDA

La gran originalidad de las *Memorias de Adriano* reside en el hecho de que esta obra mezcla distintos géneros literarios. Es a la vez:

- **una novela histórica** cuyo protagonista principal es un personaje real y que reconstruye el contexto en el que ha vivido ese personaje con una asombrosa fidelidad (véanse los «cuadernos de notas a las *Memorias de Adriano*», a continuación de la novela). Por lo tanto, el texto vuelve a escribir la historia;
- **una novela autobiográfica ficticia**, ya que el emperador Adriano cuenta su vida (su biografía) al detalle y sin concesiones. Hablamos de una autobiografía ficticia dado que el narrador no se corresponde con el autor;
- **una novela epistolar**, puesto que la novela empieza con «Querido Marco». Por lo tanto, se trata de una carta dirigida a un ser cercano, Marco Aurelio. La misiva abarca toda la historia. A lo largo del relato, Adriano interpela

a su destinatario en varios lugares para despertar su curiosidad o la del lector. El capítulo «*Patientia*» también empieza con una carta, la que Arriano envía al emperador.

TÍTULOS SIGNIFICATIVOS

La elección de expresar los títulos en latín indica que, a pesar de la preferencia de Adriano por Grecia y de su helenismo reivindicado, lo cierto es que es el emperador de Roma y, como tal, habla la lengua oficial del Imperio, el latín:

- el primer capítulo es una especie de prólogo en el que se nos informa del objetivo real de Adriano. Su título, «*Anima vagula blandula*» («Mínima alma, alma tierna y flotante»), es en realidad un verso sacado de una de las poesías que se conservan de Adriano y su propio epitafio. De esta manera, remite al final de Adriano y a su estado, cuyo cuerpo debilitado deja suponer una muerte próxima, por lo que su alma se desvanece del mundo de los vivos. Los siguientes cuatro capítulos son retrospectivos: en ellos, Adriano mira su vida desde una perspectiva lejana, siempre respetando el orden cronológico de los acontecimientos pasados;

- el segundo capítulo, «*Varius multiplex multiformis*» («Variado, múltiple y cambiante»), nos habla de la personalidad del emperador. Cuida su cuerpo, unas veces declara la guerra y, otras, firma la paz, cambia constantemente de lugar, ama a las mujeres, a los hombres (sobre todo, a los jóvenes), se cultiva, lee mucho, escribe poesía y música, administra sus provincias, organiza su Imperio, se interesa por el cielo y por las ciencias ocultas, etc. Es omnipotente y omnipresente: es un dios vivo adulado en todo su territorio y respetado en las regiones autónomas. Su objetivo imperial es la diversidad en la unidad;
- el título del tercer capítulo, «*Tellus stabilita*» («La tierra vuelve a recuperar su equilibrio»), es el lema con el que acompaña su propaganda imperial. Se materializa en una estatua que representa a un joven acostado, que sostiene frutos y flores (Yourcenar 1994, cap. 3), símbolo de abundancia y de belleza. La reputación de Adriano pasa por un ideal de paz y de estabilidad poética;
- el título del cuarto capítulo, «*Saeculum aureum*» («Siglo de oro»), marca a la vez el apogeo y el inicio del declive (físico y sentimental)

de Adriano. Esta expresión remite al siglo de Pericles (hombre de Estado ateniense, c. 495-429 a. C.), la época dorada de Atenas (siglo V a. C.);

- el penúltimo capítulo, «*Disciplina augusta*» («Disciplina augusta»), presenta a un Adriano que va envejeciendo y que toma conciencia de que no es todopoderoso. Toma las últimas medidas necesarias para el Imperio y recupera la disciplina militar de sus inicios cuando lidera la guerra de Judea;
- el último capítulo, «*Patientia*» («Paciencia» o «Resistencia»), puede considerarse un epílogo. Adriano encuentra esta cualidad que, hasta ese momento, le faltaba: solo le queda esperar la muerte. El último párrafo de este apartado, «Mínima alma mía, tierna y flotante, huésped y compañera de mi cuerpo, descenderás a esos parajes pálidos, rígidos y desnudos, donde habrás de renunciar a los juegos de antaño» (Yourcenar 1994, cap. 6), es la traducción del epitafio del emperador y remite al primer capítulo. De esta manera se cierra el círculo: Adriano ha culminado su tarea de emperador y ya puede morir en paz.

UN PERIODO RELIGIOSO AGITADO

Adriano vive entre los siglos I y II d. C. Es un periodo en el que coexisten las distintas religiones en Roma (ya que hay una cierta libertad de culto) y que se ve alterado por conflictos que, a veces, son de una violencia extrema y que provocan las religiones monoteístas.

Adriano el divino

En Roma, la religión convierte al emperador en un dios de pleno derecho: «aun en Roma, donde sólo [*sic*] somos declarados oficialmente divinos después de nuestra muerte, la oscura piedad popular se complace más y más en deificarnos vivos» (Yourcenar 1994, cap. 3). En «*Tellus stabilita*», Adriano asume completamente esta función: «Si Júpiter es el cerebro del mundo, el hombre encargado de organizar y moderar los negocios humanos puede razonablemente considerarse como parte de ese cerebro que todo lo preside» (*ib.*). Pero, sin duda, la dimensión religiosa más importante en la historia personal de Adriano tiene más que ver con los misterios, que en su época conocen una creciente popularidad. Los misterios son cultos religiosos que supuestamente deben permanecer secretos y que se basan en el principio de iniciación. Así, Adriano es iniciado en Eleusis, una ciudad griega, según un rito que celebra a Deméter (diosa de la tierra). En ese momento, entiende íntimamente su vínculo con los astros y con el cielo, símbolos del ciclo «del pasaje y del retorno» (*ib.*), y que permite participar en cierta medida en ese absoluto a través de la contemplación y de su estudio del hombre.

El culto de Mitra es el segundo misterio que ocupa un lugar especial en la novela. Este misterio conlleva un aspecto violento y brutal, que tiene como objetivo establecer un vínculo entre el mundo de los muertos y el de los vivos. Adriano se inicia en él durante la guerra contra los dacios, y observa que este culto refuerza el vigor de sus soldados, que se sienten menos vulnerables. Pero esa primera experiencia del culto mitraico se repite en «*Saeculum aureum*», esta vez en presencia de Antínoo. Si bien la experiencia había sido positiva la primera vez, ahora, parece que trae malos augurios. La escena en esa cueva oscura, donde se mata a un toro y se riega al iniciado (Antínoo) con la sangre del animal, provoca la aversión de Adriano, que decide prohibir el acceso a la cueva. Este horror repentino parece anunciar el desenlace fatal del destino de Antínoo, que muere unas páginas después.

El cristianismo

Adriano también relata un episodio en el que trata con un obispo cristiano, un tal Cuadrato, que le hace llegar una apología de su fe. A continuación, se desencadena una reflexión sobre esta «secta», sobre la política y el pensamiento del emperador acerca de ella. Su lectura de esta religión se hace a través del cristal de su propia cultura politeísta: «Aquel joven sabio [Jesús] parece haber dejado preceptos muy parecidos a los de Orfeo» (Yourcenar 1994, cap. 5). De la misma forma que reconoce los beneficios de una religión que ayuda a los más desfavorecidos, también se preocupa por lo que la religión cristiana tiene de antitético con respecto a la cultura romana: su moral se opondría a las virtudes viriles y su dogmatismo iría en contra de la flexibilidad relativa de Roma con respecto al conjunto de creencias. Adriano también cree que la moral cristiana, el amor del prójimo equivalente al amor que tenemos por nosotros mismos, es un ideal imposible de alcanzar, ya sea porque nos amamos demasiado o porque no nos amamos lo suficiente.

El judaísmo

La cuestión de la representación del judaísmo es un tema espinoso en esta novela. En efecto, Adriano se ve enfrentado a una terrible revuelta de los zelotes (una secta judía que está determinada a resistir frente a la dominación extranjera, incluso a costa de hacer sufrir un régimen de terror a los que no comparten su punto de vista), que evoluciona hacia una auténtica guerra civil y una guerra contra el Imperio. Así, Adriano dedica unas palabras muy duras a la religión judía, a la que unas veces llama «superstición harto desfavorable para el progreso de las artes» y, otras, «fanatismo» (Yourcenar 1994, cap. 5). Al emperador le cuesta comprender la fe monoteísta e intransigente de los judíos:

> «En principio el judaísmo ocupa su lugar entre las religiones del imperio; de hecho, Israel se niega desde hace siglos a no ser sino un pueblo entre los pueblos, poseedor de un dios entre los

Estas frases despectivas le valieron a Yourcenar muchas acusaciones y críticas, sobre todo porque, en aquella época, apenas acababa de terminar el segundo conflicto mundial. Dicho esto, Yourcenar puede defenderse alegando que aquí imagina la reflexión del emperador, que tiene una visión sesgada por su propia cultura romana, en la que las religiones se mezclan, y también a través del hecho de que, en este contexto, se enfrentan a enemigos extremadamente temibles.

EL TRABAJO DE LA LENGUA

Para mantener la coherencia con su historia, que se enmarca en la Antigüedad, Yourcenar lleva a cabo un auténtico trabajo sobre la lengua, cuyo estilo remite sutilmente al latín. La novela, redactada en francés, tiene que despertar el «colorido» de la Antigüedad con una lengua que está un poco en desuso. Podemos señalar al menos dos estrategias estilísticas que permiten que «parezca antiguo», que serían un calco más o menos flexible de la frase latina y el uso de un francés anticuado:

- en primer lugar, Yourcenar se ha inspirado directamente de la lengua latina. Lo refleja a través de citas más o menos largas, más o menos implícitas, que a veces se presentan tal cual (como los títulos de los capítulos), pero que con mayor frecuencia Yourcenar traduce directamente. Ese es el caso, por ejemplo, de «*uxorem [...] morosam et asperam*» de Espartiano (siglo III d. C.), una de las fuentes históricas de la escritora: esta frase, que describe a la esposa de Adriano, es traducida por la autora como «esposa fría y dura» (Yourcenar 1994, cap. 5);
- la lengua latina no tiene las mismas especificidades gramaticales que el francés. Es una lengua a la que le gusta la condensación (el latín no multiplica las pequeñas partículas, como los determinantes, por ejemplo) y, a la vez, los «periodos», esas largas frases que se construyen de una forma muy sólida, en

función de distintos conjuntos gramaticales que conforman una unidad, en las que se multiplican las proposiciones subordinadas. En líneas generales, es una lengua a la que le gustan los marcos estructurales rígidos, el orden y la claridad. Sin embargo, también son los ideales estilísticos de la época clásica francesa, que recomienda la armonía a través de un estilo riguroso y claro. Además, no sorprende ver que Yourcenar escribe en una lengua que recuerda al siglo XVII o XVIII, tal y como se percibe en la inversión del adverbio y del pronombre personal al final de la primera parte en el original en francés. Leemos: «pour me mieux connaître avant de mourir», donde *mieux* es el adverbio y *me* el pronombre, y que en un estilo más actual sería «pour mieux me connaître avant de mourir». A pesar de que en español, se pierde ese matiz en la traducción («para conocerme mejor antes de morir», Yourcenar 1994, cap. 2), este uso anticuado del francés imprime una connotación al texto y permite que nos remitamos a un imaginario lejano.

UNA FILOSOFÍA EMPÍRICA

Al principio de la novela, Adriano explicita cómo su relación con el mundo exterior es para él una auténtica filosofía de vida. A este vínculo con el mundo exterior lo llama «teoría del contacto», para designar el hecho de que, para él, el conocimiento del mundo no solo puede depender del pensamiento filosófico puro, demasiado abstracto y alejado de la realidad. Al contrario, el conocimiento del mundo se transmite mediante el encuentro con el otro, sobre todo a través de los sentidos, mediante todo lo que es del orden de la experiencia de lo que no es uno mismo. He aquí un pasaje que lo demuestra:

> «He soñado a veces con elaborar un sistema de conocimiento humano basado en el erótico, una teoría del contacto en la cual el misterio y la dignidad del prójimo consistirían precisamente en ofrecer al Yo el punto de apoyo de ese otro mundo» (Yourcenar 1994, cap. 2).

Una afirmación de estas características sobre el deseo de definirse a través de la alteridad puede parecer sorprendente en esta novela, una autobiografía ficticia, que se caracteriza por el hecho

de que el personaje intenta entender qué ha sido
su vida y, por lo tanto, quién ha sido él. Pero, en
realidad, todo esto está estrechamente relacio-
nado, ya que es el vínculo con el otro lo que a
Adriano le permite evolucionar, transformarse,
conocer mejor el mundo para dominarlo mejor
y convertirse en su auténtico dueño. Finalmente,
la teoría del contacto es también un método
para ser convertirse en emperador. Quizás este
sea uno de los objetivos (ficticios) de la novela,
ya que Adriano escribe esta larga misiva a su
sucesor, ese joven aficionado a las lecturas filosóficas complicadas, a quien le falta ese contacto
con el mundo, fundamental para un emperador
a la cabeza de un Imperio tan grande, complejo
y multiforme. Así, discretamente, Adriano le
hace una observación al joven Marco Aurelio:
«No llevaba, como haces tú, mis libros al palco
imperial» (Yourcenar 1994, cap. 3). Además, esta
teoría del contacto también puede afectar a la
experiencia de la escritura y de la lectura, cuya
finalidad es que, por un momento, el autor y el
lector se sientan alguien que no son.

NOVELA HISTÓRICA: LA HISTORIA Y SUS LÍMITES

Es cierto que la novela escenifica un universo antiguo que, por ello, atrae por su exotismo. Sin embargo, se dirige fundamentalmente hacia sus lectores —unos lectores de principios de la segunda mitad del siglo XX—, marcados por los conflictos mundiales, la industrialización masiva, la capitalización de los bienes, la globalización y el liberalismo triunfante. De manera sutil, a lo largo de sus páginas, Yourcenar difunde enunciados que están destinados al lector, que no puede evitar identificarse con lo que describe. Estas pequeñas rupturas temporales, en las que Adriano (emperador que tan bien entendió el mundo y su funcionamiento) es capaz de contemplar con exactitud los siglos futuros, demuestran hasta qué punto, para Yourcenar, la novela es un medio para cuestionar el mundo en el que vivimos. Como ejemplo, destacamos un pasaje donde Adriano, joven emperador, informa de sus pensamientos sobre la sociedad de su época. Tras haber hablado de las mujeres, se interesa por la esclavitud:

«Dudo de que toda la filosofía de este mundo consiga suprimir la esclavitud; a lo sumo le cambiarán el nombre. Soy capaz de imaginar formas de servidumbre peores que las nuestras, por más insidiosas, sea que se logre transformar a los hombres en máquinas estúpidas y satisfechas, creídas de su libertad en pleno sometimiento, sea que, suprimiendo los ocios y los placeres humanos, se fomente en ellos un gusto por el trabajo tan violento como la pasión de la guerra entre las razas bárbaras. A esta servidumbre del espíritu o la imaginación, prefiero nuestra esclavitud de hecho» (Yourcenar 1994, cap. 3).

Al leer estas líneas, el lector puede tener la sensación de encontrarse con las reflexiones filosóficas, sociológicas y políticas que nacen a partir de finales del siglo XIX acerca de cómo la era industrial y posindustrial ha modificado al trabajo, lo que aniquilaría poco a poco la libertad del hombre.

También podemos descubrir una alusión a los desastres del siglo XX. Por ejemplo, al final de la novela, Adriano escribe:

«Vendrán las catástrofes y las ruinas: el desorden triunfará, pero también, de tiempo en tiempo, el

En esta ocasión, a través de la voz de su personaje, Yourcenar quizás esté hablando implícitamente de los conflictos mundiales y, en especial, de la Segunda Guerra Mundial. Así, Yourcenar evita el problema de una novela demasiado centrada en la dimensión histórica de sus palabras y autoriza una lectura activa que quiere hacer reflexionar a todo lector acerca de su propia era.

PISTAS PARA LA REFLEXIÓN

ALGUNAS PREGUNTAS PARA PROFUNDIZAR EN SU REFLEXIÓN...

- En la época de Adriano, se consideraba que los cristianos pertenecían a una secta. Como lector del siglo XXI, ¿qué le inspira esta realidad? ¿Cómo juzga la actitud de Adriano hacia esta secta (consultar el capítulo «*Disciplina augusta*»)?
- ¿Cree que Adriano, que no siempre es virtuoso, es un personaje digno de admiración?
- Durante la guerra de Judea contra Bar Kochba, los rebeldes judíos mueren convencidos de que son los únicos justos. ¿Este fanatismo tiene eco en nuestra época? Desarrolle su respuesta.
- Comente esta frase del emperador Adriano: «Me sentía responsable de la belleza del mundo» (Yourcenar 1994, cap. 3).
- «Dudo de que toda la filosofía de este mundo consiga suprimir la esclavitud; a lo sumo le cambiarán el nombre» (Yourcenar 1994,

cap. 3). ¿Está de acuerdo con el emperador Adriano? Dé su opinión sobre esta frase.

- En «*Tellus stabilita*», Marguerite Yourcenar pone en boca de Adriano la famosa respuesta de Pierre Corneille (poeta dramaturgo francés, 1606-1684) «Roma ya no está en Roma» (El País 1986). ¿Cómo interpreta esta máxima?
- ¿Cómo explica la actitud de Adriano ante el suicidio? ¿El emperador condena este final?
- ¿Existen semejanzas entre Marguerite Yourcenar y Adriano? En caso afirmativo, ¿cuáles?
- Compare la filosofía estoica de Marco Aurelio con la de Adriano.
- Imagine una adaptación cinematográfica de las *Memorias de Adriano*. ¿Qué procedimiento(s) utilizaría para plasmar el estilo lírico y clásico de Marguerite Yourcenar?

¡Su opinión nos interesa!
¡Deje un comentario en la página web de su
librería en línea,
y comparta sus favoritos en las redes sociales!

PARA IR MÁS ALLÁ

EDICIÓN DE REFERENCIA

- Yourcenar, Marguerite. 1994. *Memorias de Adriano*. Traducido por Julio Cortázar. Barcelona: Salvat Editores. E-book en PDF.

ESTUDIO DE REFERENCIA

- Poignault, Rémy. 1984. "Alchimie verbale dans *Mémoires d'Hadrien* de Marguerite Yourcenar". *Bulletin de l'association Guillaume Budé*, vol. 1, 295-321. Consultado el 20 de noviembre de 2017. http://www.persee.fr/doc/bude_0004-5527_1984_num_1_3_1238

FUENTE COMPLEMENTARIA

- Fontaine, André. 1986. "Europa necesita una gran 'disputa'". *El País*. 31 de diciembre. Consultado el 20 de noviembre de 2017. https://elpais.com/diario/1986/12/31/internacional/536367608_850215.html

Made in the USA
Monee, IL
07 July 2026

56545305R00036